* 14.7.1862 in Baumgarten (Wien)
† 6.2.1918 in Wien

KLIMT

GUSTAV KLIMT

ist der bedeutendste Maler und Illustrator des Wiener Jugendstils (Art nouveau), der sich gegen Ende des 19. Jahrhunderts aus der Abkehr von akademischen Maltraditionen zugunsten eines freieren, häufig erotisch gefärbten, dekorativen Ästhetizismus entwickelte. Er war Mitbegründer und zwischen 1897–1905 erster Leiter der Wiener Secession, einer einflussreichen Gruppe von Künstlern und Architekten, die eigene Ausstellungen organisierten und sich mit der Zeitschrift »Ver Sacrum« ein eigenes Publikationsorgan schufen. Als Lehrer von Oskar Kokoschka und Egon Schiele nahm Klimt Einfluss auf die Entwicklung der bildenden Kunst des 20. Jahrhunderts, der sich u. a. noch bei Friedensreich Hundertwasser zeigt.

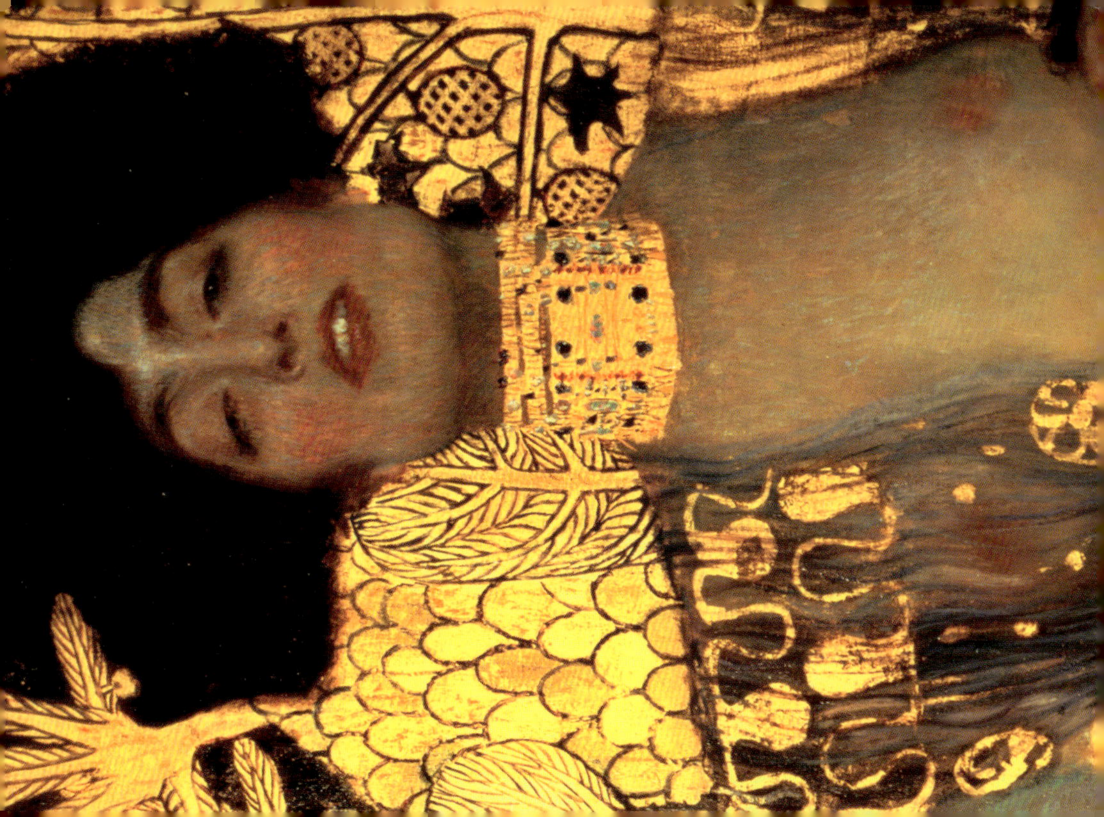

GUSTAV KLIMT (1862–1918)
»Judith«, Ausschnitt (1901), Öl auf Leinwand
Österreichische Galerie Belvedere, Wien / Bridgeman Images

ANACONDA

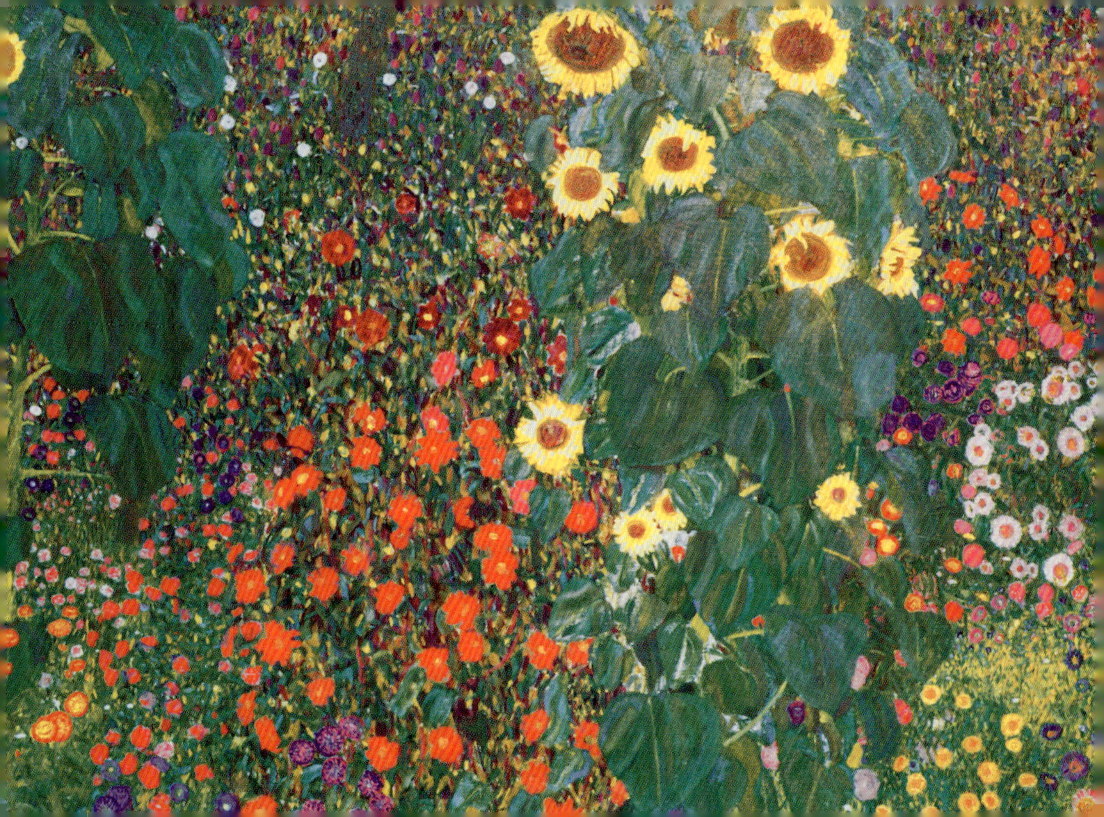

GUSTAV KLIMT (1862–1918)
»Garten mit Sonnenblumen«, Ausschnitt (1905–06), Öl auf Leinwand
Österreichische Galerie Belvedere, Wien / Bridgeman Images

ANACONDA

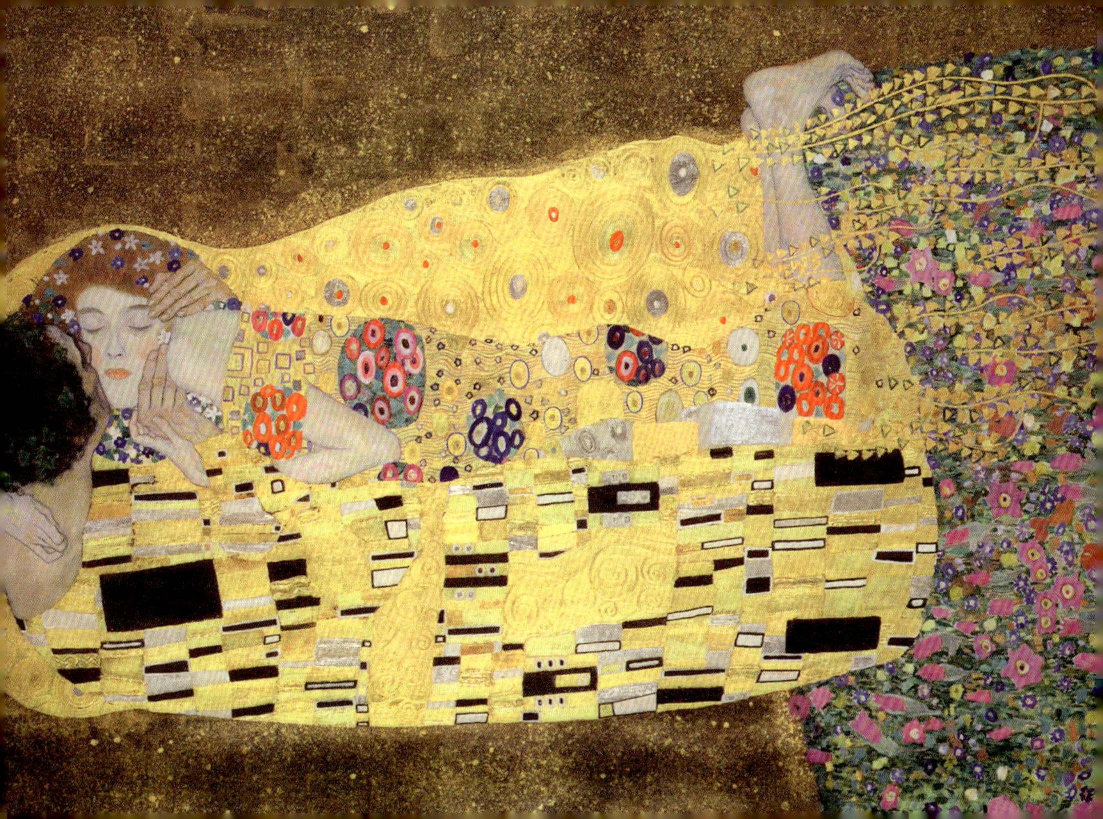

GUSTAV KLIMT (1862–1918)
»Der Kuss«, Ausschnitt (1907–08), Öl auf Leinwand
Österreichische Galerie Belvedere, Wien / Bridgeman Images

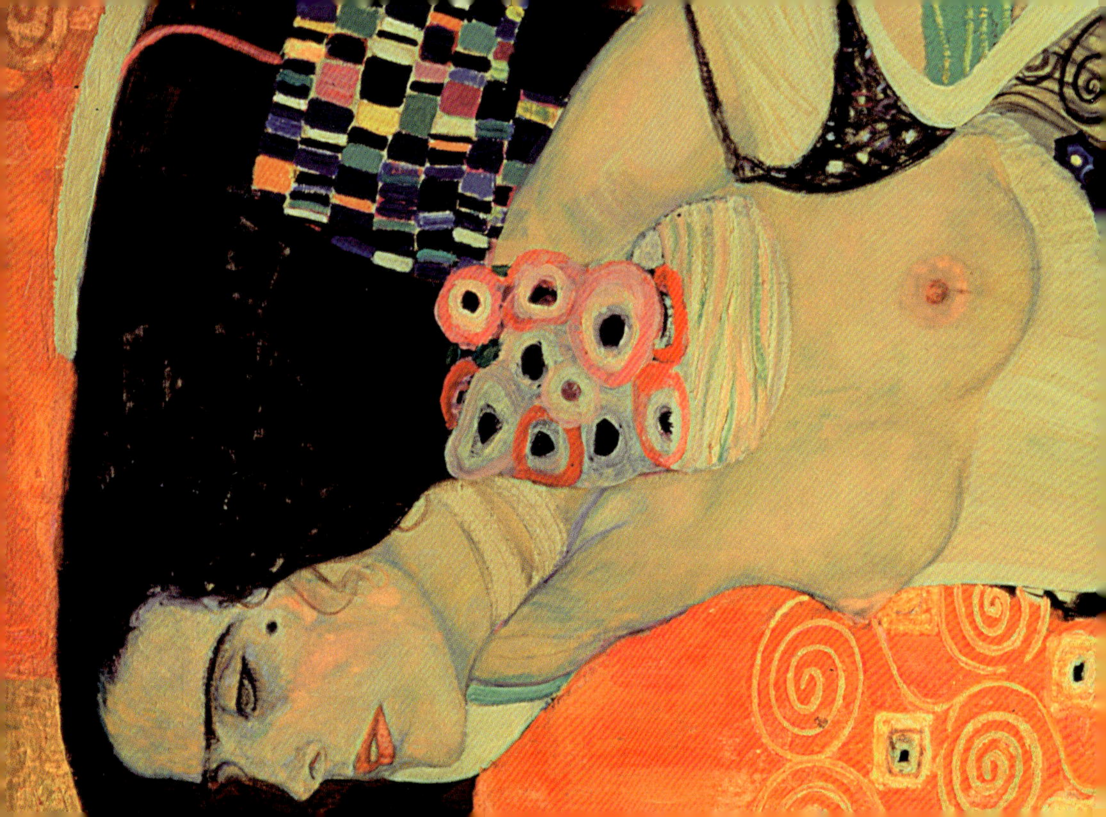

GUSTAV KLIMT (1862–1918)
»Judith II (Salome)«, Ausschnitt (1909), Öl auf Leinwand
Galleria Internazionale d'Arte Moderna, Ca' Pesaro, Venedig / Cameraphoto Arte Venezia
Bridgeman Images

ANACONDA

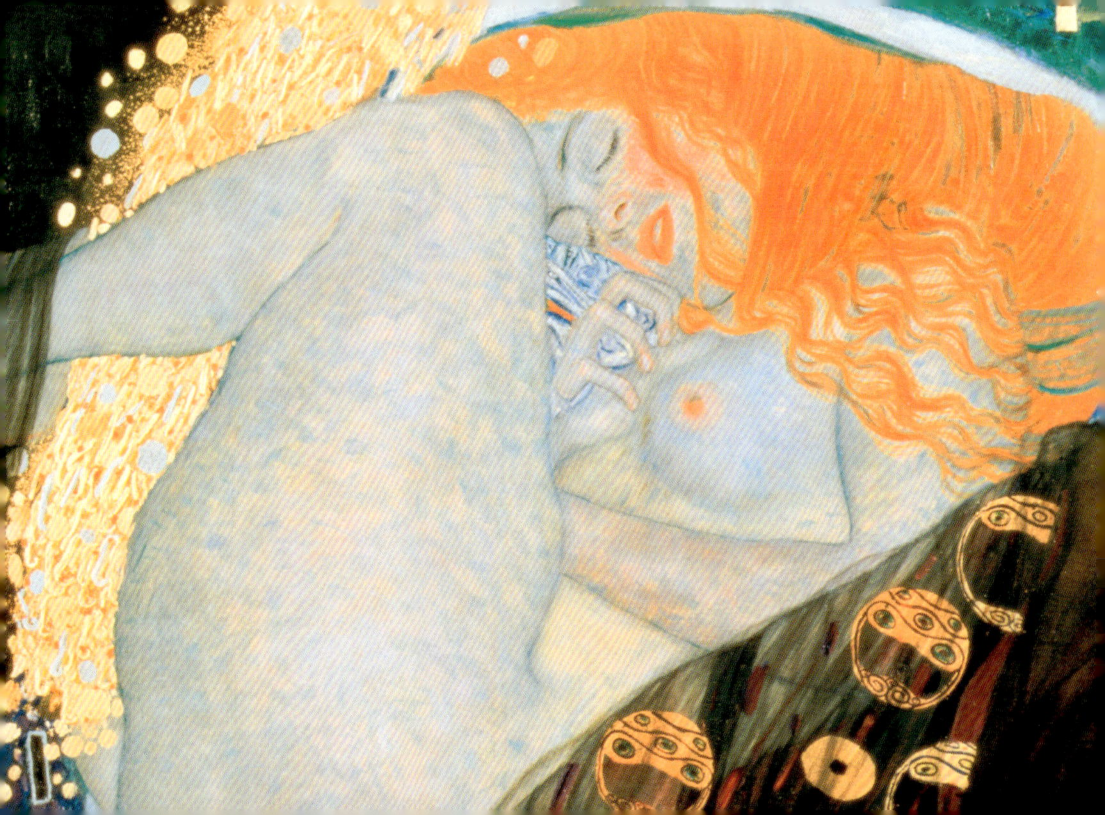

GUSTAV KLIMT (1862–1918)
»Danae«, Ausschnitt (1907–08), Öl auf Leinwand
Galerie Wurthle, Wien / Bridgeman Images

ANACONDA

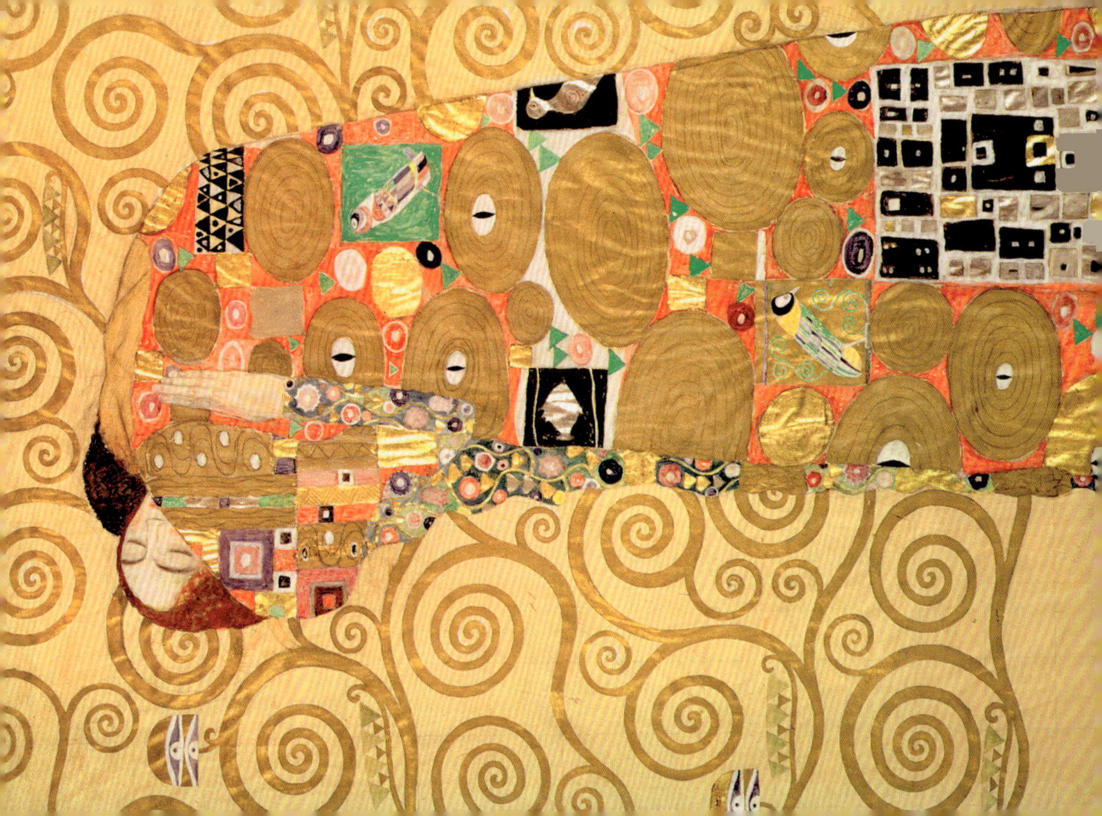

GUSTAV KLIMT (1862–1918)
»Erfüllung«, Detail aus dem Entwurf für den Wandfries
im Palais Stoclet in Brüssel (1905–09), Tempera und Wasserfarbe
MAK – Österreichisches Museum für angewandte Kunst, Wien
Bridgeman Images

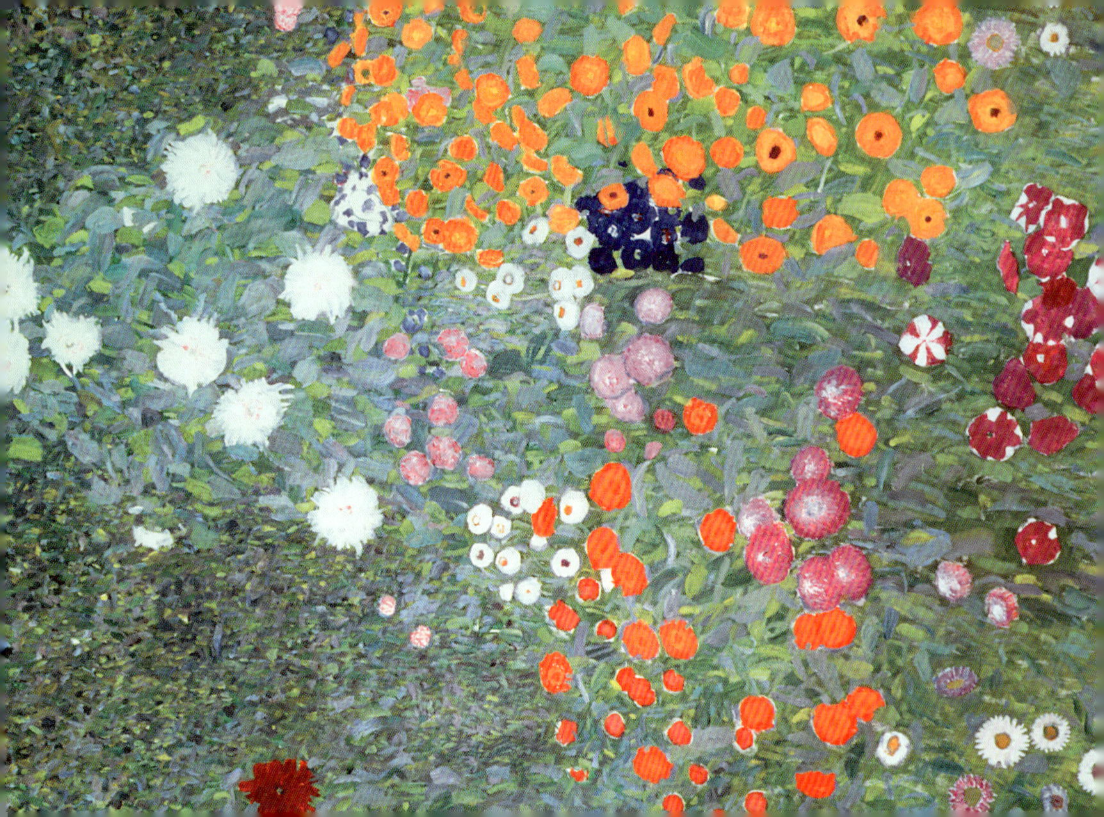

GUSTAV KLIMT (1862–1918)
»Blumengarten«, Ausschnitt (1905–07), Öl auf Leinwand
Privatsammlung / Photo © Christie's Images / Bridgeman Images

ANACONDA

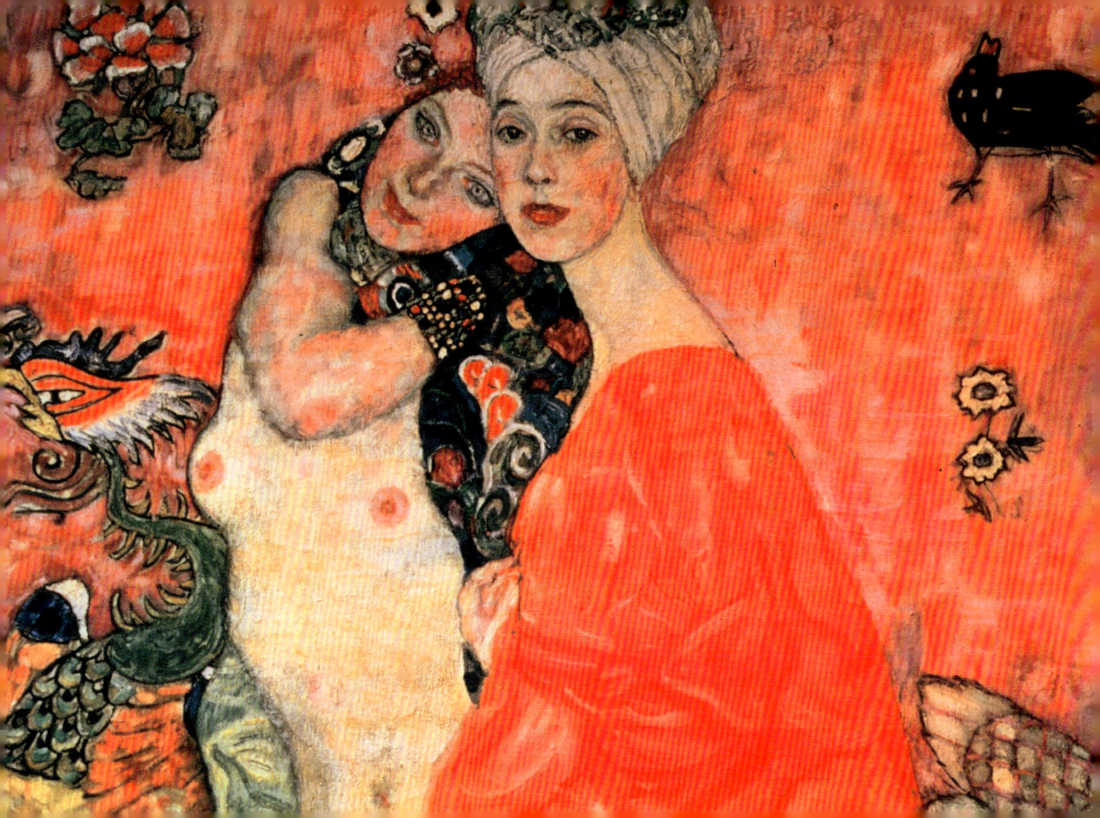

GUSTAV KLIMT (1862–1918)
»Die Freundinnen«, Ausschnitt (1916–17, zerstört 1945), Öl auf Leinwand
Bridgeman Images

ANACONDA

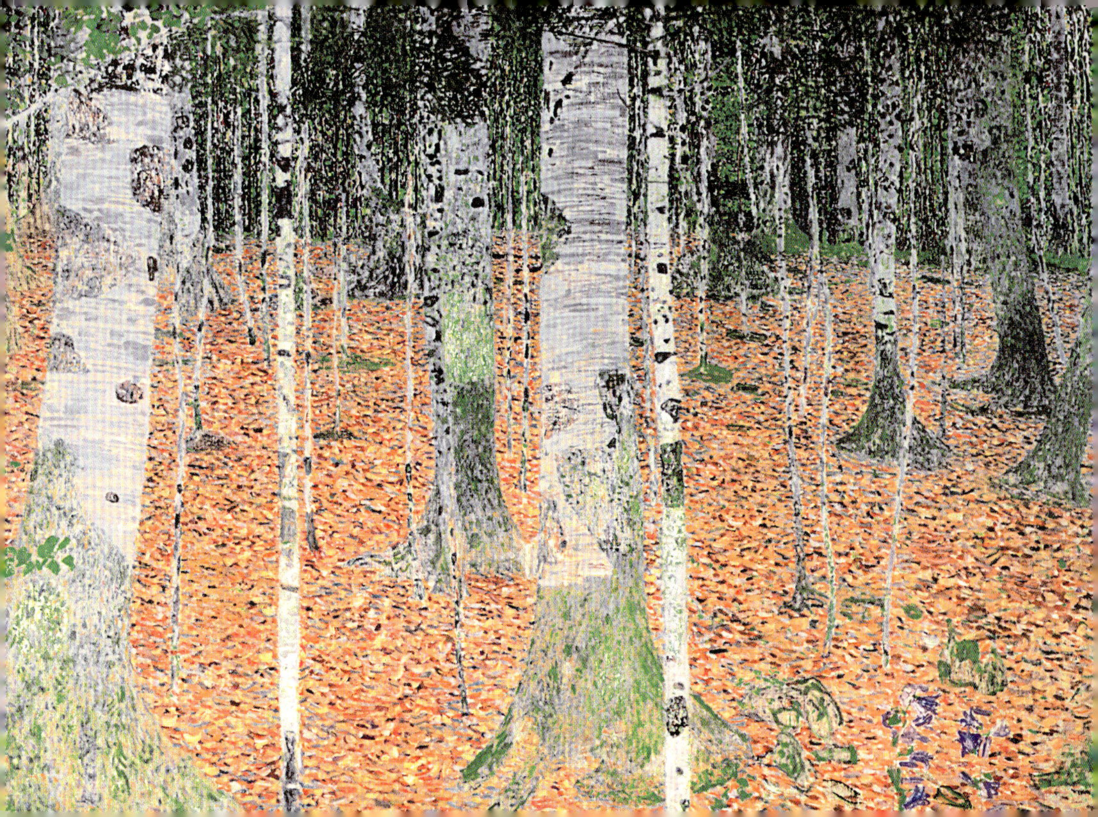

GUSTAV KLIMT (1862–1918)
»Birkenwald«, Ausschnitt (1903), Öl auf Leinwand
Privatsammlung / Bridgeman Images

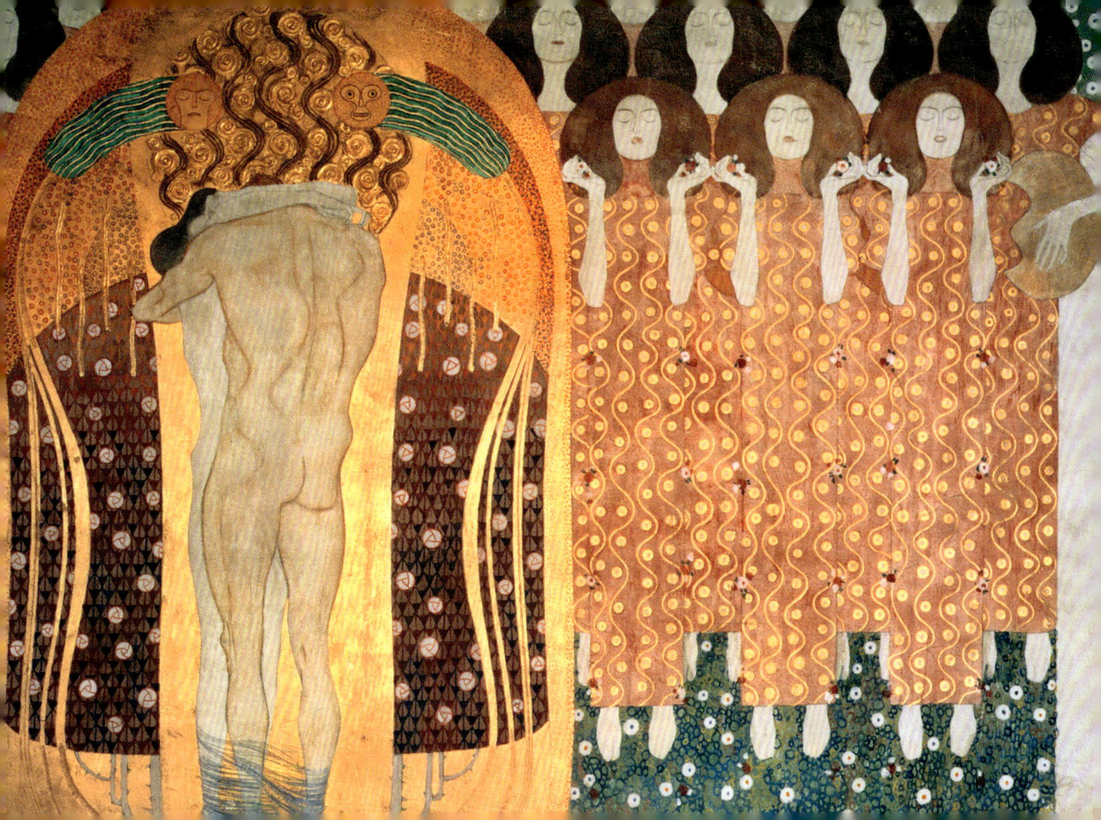

GUSTAV KLIMT (1862–1918)
»Dieser Kuss der ganzen Welt«, Detail aus dem Beethovenfries (1902)
Österreichische Galerie Belvedere, Wien / Bridgeman Images

ANACONDA

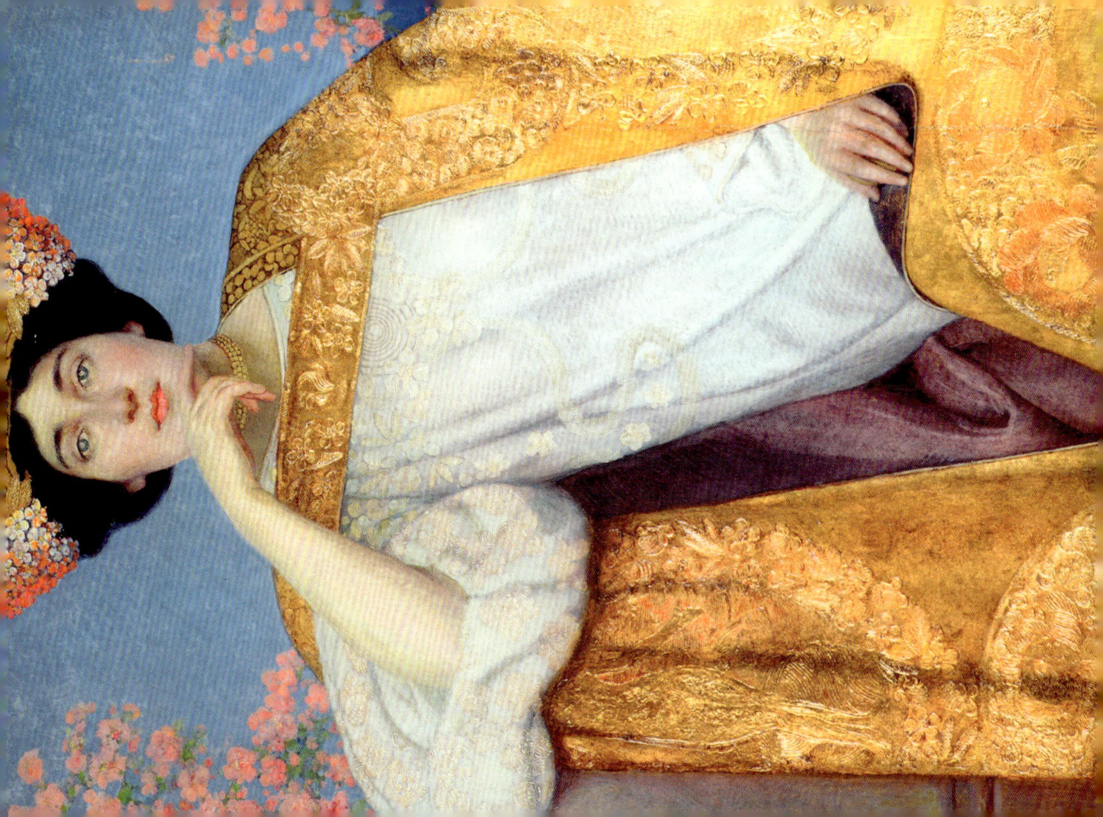

GUSTAV KLIMT (1862–1918)
»Porträt einer Frau in goldenem Kleid« (1886–87), Öl auf Holz
gemalt mit Ernst Klimt (1864–1892), Franz Matsch (1861–1942) u.a.
Privatsammlung / Bridgeman Images

ANACONDA

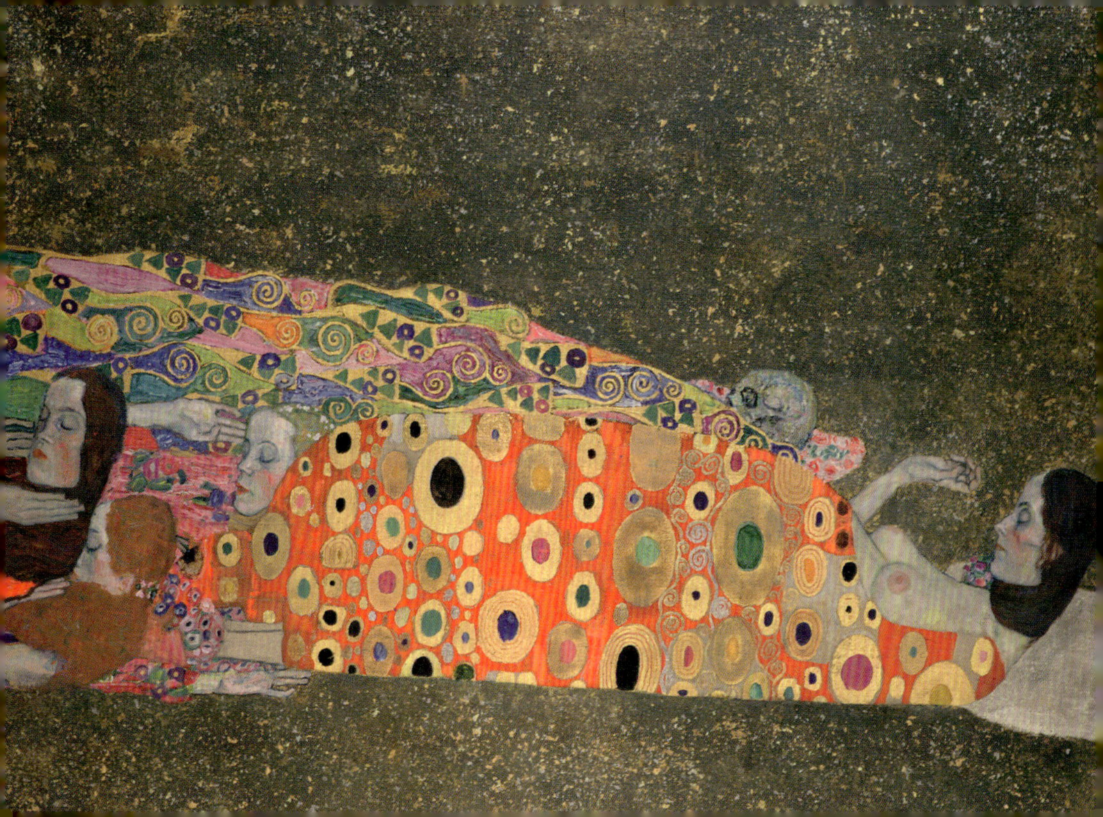

GUSTAV KLIMT (1862–1918)
»Die Hoffnung II«, Ausschnitt (1907–08), Öl und Goldfarbe auf Leinwand
Museum of Modern Art, New York / Bridgeman Images

ANACONDA

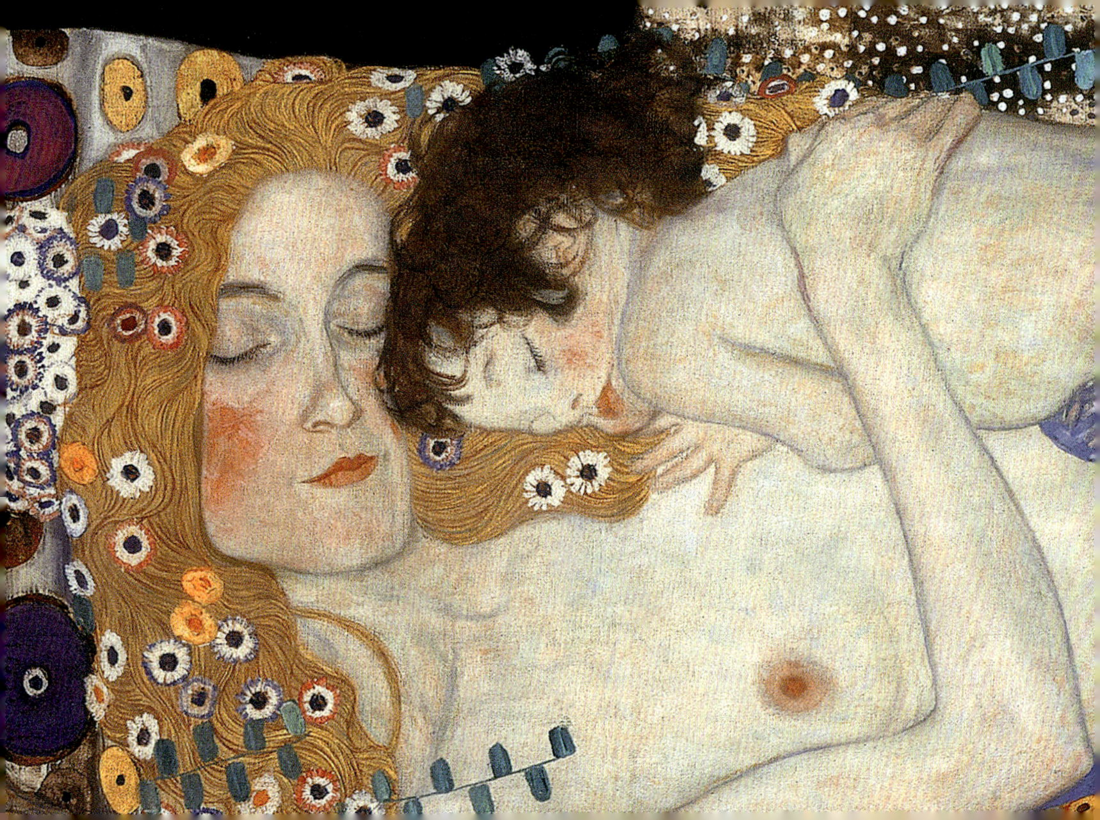

GUSTAV KLIMT (1862–1918)
»Die drei Lebensalter der Frau«, Ausschnitt (1905), Öl auf Leinwand
Galleria Nazionale d'Arte Moderna, Rom / © NPL - DeA Picture Library / Bridgeman Images

ANACONDA

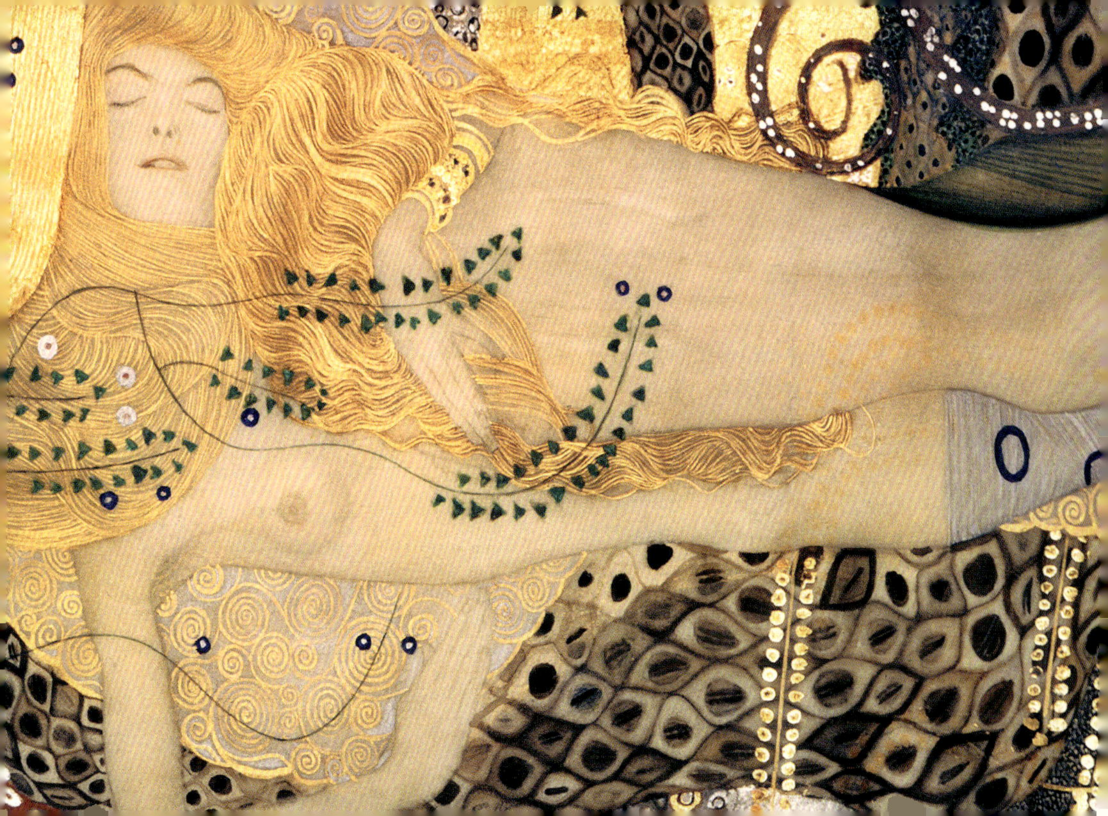

GUSTAV KLIMT (1862–1918)
»Wasserschlangen I (Freundinnen I)«, Ausschnitt (1904–07), Öl auf Leinwand
Österreichische Galerie Belvedere, Wien / Bridgeman Images

ANACONDA

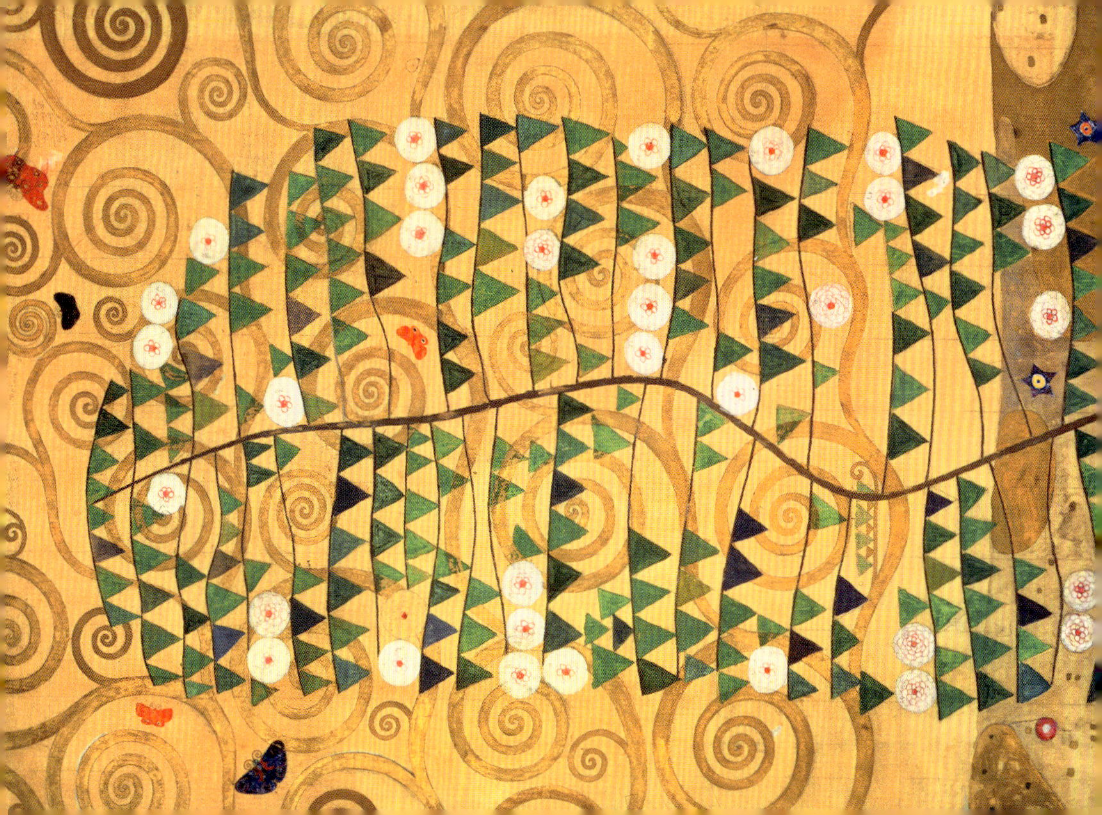

GUSTAV KLIMT (1862–1918)
»Der Baum des Lebens«, Detail aus dem Entwurf für den Wandfries
im Palais Stoclet in Brüssel (1905–09), Tempera und Wasserfarbe
MAK – Österreichisches Museum für angewandte Kunst, Wien / Bridgeman Images

ANACONDA

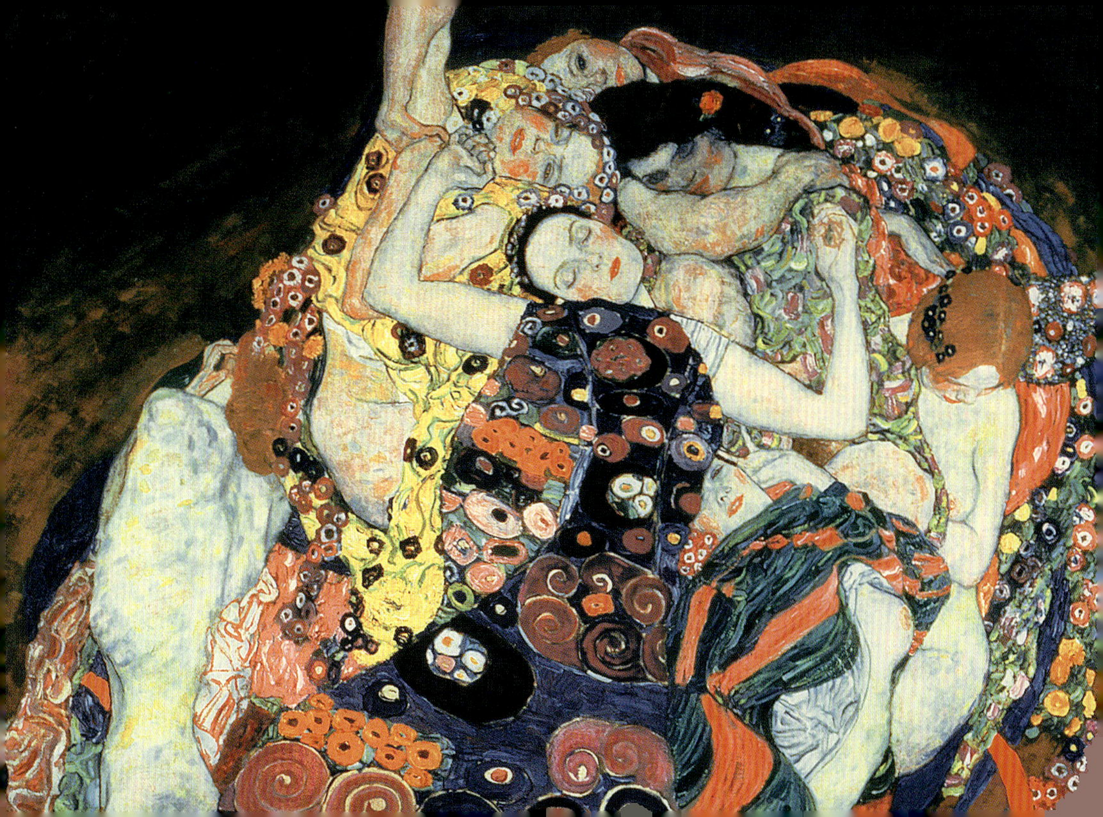

GUSTAV KLIMT (1862–1918)
»Die Jungfrau«, Ausschnitt (1913), Öl auf Leinwand
Narodni Galerie, Prag / Bridgeman Images

ANACONDA

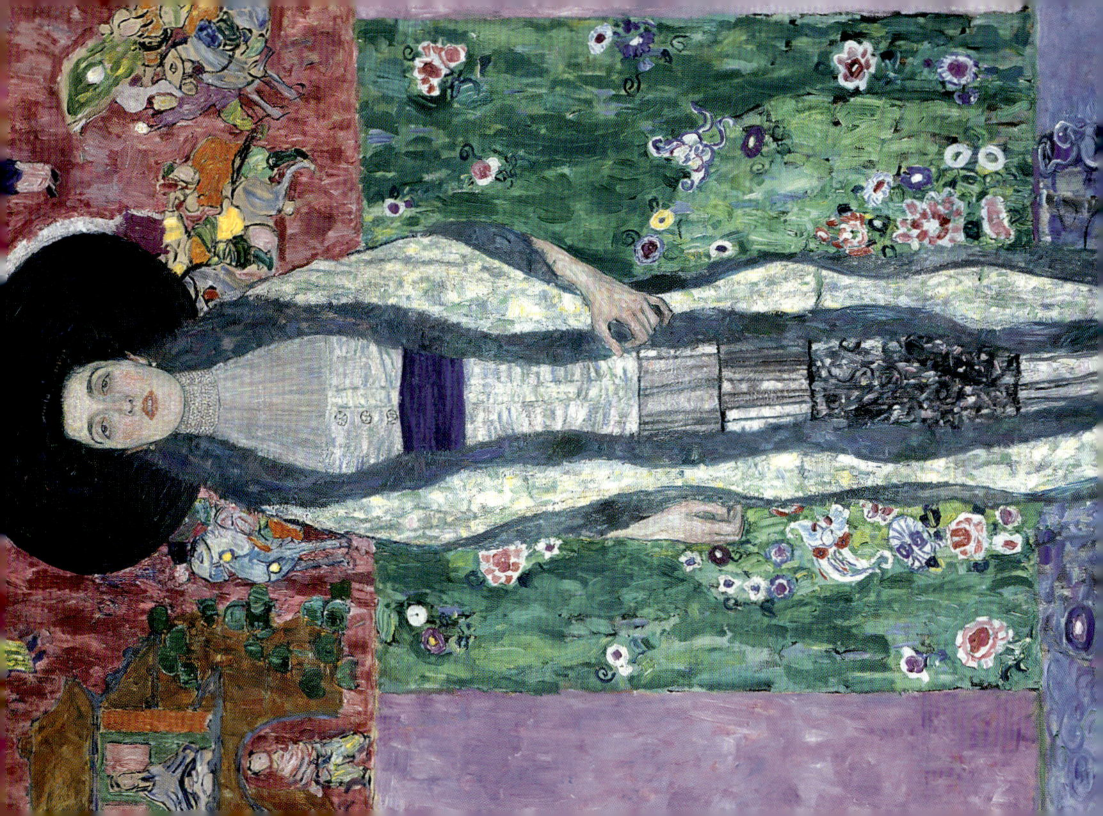

GUSTAV KLIMT (1862–1918)
»Adele Bloch-Bauer II«, Ausschnitt (1912), Öl auf Leinwand
Privatsammlung / Photo © Christie's Images / Bridgeman Images

ANACONDA

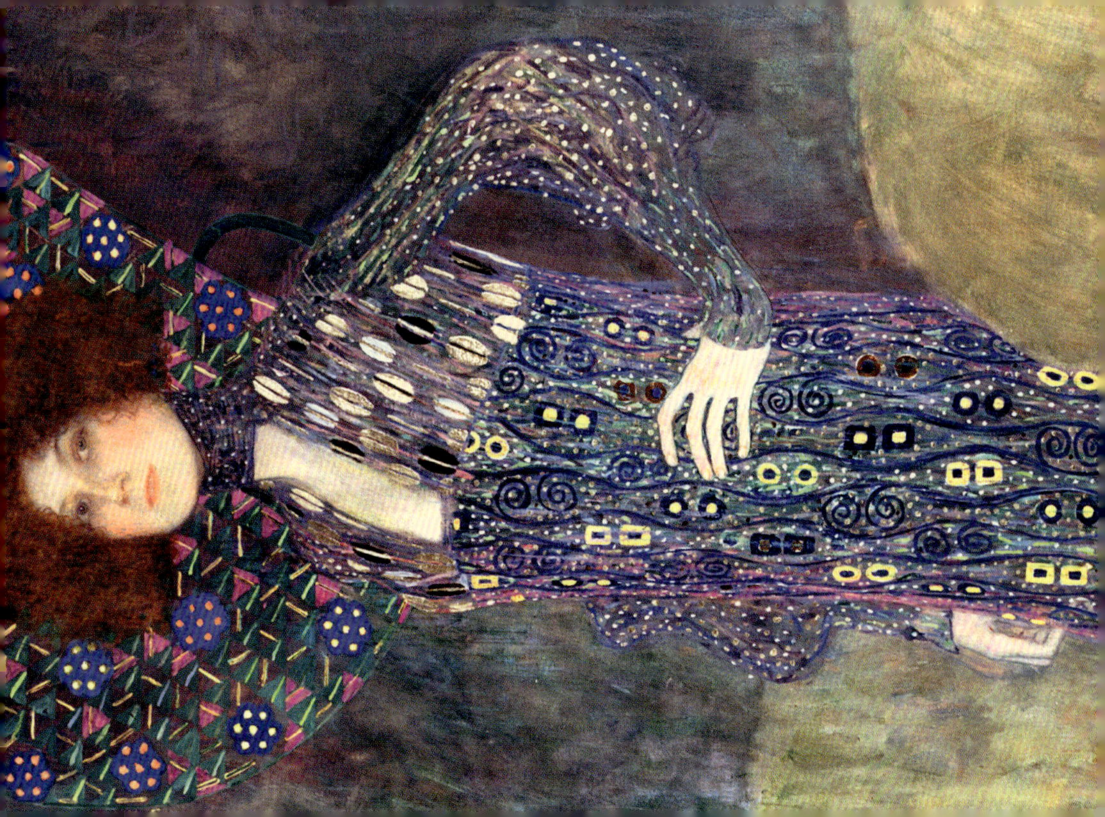

GUSTAV KLIMT (1862–1918)
»Emilie Floege«, Ausschnitt (1902), Öl auf Leinwand
Wien Museum Karlsplatz, Wien / Bridgeman Images

ANACONDA